AF450865

LA PEINE DE MORT

AU VINGTIÈME SIÈCLE

PARIS. — TYPOGRAPHIE A. HENNUYER, RUE D'ARCET, 7

LA PEINE DE MORT

AU VINGTIÈME SIÈCLE

PAR

VALENTINE DE SELLON

> L'Église a horreur du sang.
>
> Il n'appartient pas à une justice faillible
> de prononcer une peine irréparable.

PARIS

LIBRAIRIE GUILLAUMIN ET Cie

RUE DE RICHELIEU, 14.

—

1877

A M. CHARLES LUCAS

MEMBRE DE L'INSTITUT

PROMOTEUR DES TROIS RÉFORMES RELATIVES

Au régime pénitentiaire,
A l'abolition de la peine de mort,
Et à la civilisation de la guerre par la substitution de l'arbitrage
international à la voie des armes,

Témoignage de vénération et de respectueuse sympathie pour la persévérance d'un dévouement de cinquante ans au développement progressif de ces réformes de civilisation chrétienne.

V. DE SELLON.

AVANT-PROPOS

J'ai puisé dans les traditions de ma famille, comme
fille du comte de Sellon, oncle de l'illustre comte de
Cavour, le dévouement à la cause de l'abolition de la
peine de mort et, sans nuire à mon patriotisme, l'amour
de l'Italie uni à celui de la France ; car ce sont pour moi
les deux sœurs, si aimées de la civilisation latine et de la
civilisation chrétienne.

Voilà ce qui m'a inspiré ce que, dans cet écrit, j'ai dit
de la peine de mort et de l'Italie, qui va l'abolir.

Ce n'est pas assurément la confiance dans mes forces
qui m'a enhardie à rédiger et publier cet écrit. J'ai longtemps hésité devant le sentiment de mon insuffisance, et
je n'ai cédé qu'à l'empire d'une conviction héréditaire à
laquelle je ne pouvais imposer silence.

Je ne saurais avoir la prétention d'apporter dans cet
écrit quelques nouvelles lumières sur l'examen de la
légitimité et de l'efficacité de la peine de mort. Je ne
m'occupe que du mouvement abolitionniste, de ce qu'il
a été dans l'ordre des idées et des faits, d'en marquer le
point de départ et d'en indiquer les résultats dans les
notes historiques que j'ai consacrées à leur constatation.

Mon but unique, à ces divers points de vue, a été de faire de la propagande dans l'intérêt de la sainte cause de l'abolition de la peine de mort.

La plus utile à cet égard m'a paru être de citer, dans l'ordre des idées, les opinions les plus autorisées, et dans celui des faits, les résultats les plus importants. Le dernier et le plus éclatant, est la proposition de généraliser l'abolition de la peine de mort dans tout le royaume, que le ministre de la justice, l'illustre Mancini, au nom de son souverain puissant et éclairé, vient de faire à la Chambre des députés, comme étant ce que conseillaient à la fois à l'Italie le besoin de son unification pénale et sa glorieuse tradition historique.

Je voudrais assurément que l'abolition de la peine de mort pût être, en Europe, dans ce siècle même, un fait accompli ; mais j'ai foi au moins qu'au siècle prochain elle s'accomplira dans le monde civilisé. Il faut donc travailler à seconder les progrès du présent et à réaliser l'espérance de l'avenir. C'est la pensée qui a inspiré un si petit écrit sur une si grande question.

26 mars 1877.

VALENTINE DE SELLON.

LA PEINE DE MORT

AU VINGTIÈME SIÈCLE

L'abolition de la peine de mort est une de ces vérités qui se posent devant la conscience publique jusqu'à ce qu'elles aient pénétré dans la notion du droit. Ses champions sont infatigables, ne se laissant décourager ni par des insuccès partiels, ni par la persévérance des objections ou par la lenteur des progrès. A cette cause plus qu'à toute autre il faut le temps, ce grand éclaireur; mais il arrivera certainement à opposer en dernier ressort la Ligue de la vie à la Ligue de la mort.

Il y aurait cependant de l'ingratitude à méconnaître les pas de géant qu'ont faits, depuis les jours de Beccaria, toutes les questions relatives à l'adoucissement des peines et au respect dû à la vie de l'homme, et l'ère nouvelle inaugurée au commencement de ce siècle par le mouvement abolitionniste[1] de la peine de mort et le développement de la réforme pénitentiaire qui en est la conséquence obligée.

[1] Voir, p. 27, aux *Notes historiques*, note I, LE MOUVEMENT ABOLITIONNISTE DE LA PEINE DE MORT ET SON POINT DE DÉPART.

Les plus grands génies dans tous les domaines, légistes, économistes, philosophes, *théologiens*[1], poëtes et *philanthropes*, ont tenu à honneur d'apporter leur tribut à cette sainte cause de l'humanité, et d'inscrire leur nom sur ce monument paisible qui ne rappelle ni conquêtes, ni larmes, ni deuils, ni spoliations, ni souffrances d'aucune sorte, et qui laisse une place à l'espérance. Partout la peine de mort commence à battre en retraite devant l'opinion. Dans plusieurs pays elle a été complétement abolie ; dans d'autres, elle a été considérablement restreinte quant à ses applications ; dans tous elle est discutée quant à sa légitimité et à son efficacité[2]. Les chefs des nations eux-mêmes sont entrés dans la lice. Il est

[1] Les tribunaux ecclésiastiques ne pouvaient pas prononcer la peine de mort. Aucun ecclésiastique ne peut faire partie d'un tribunal civil ou d'un jury où il pourrait être question de peine capitale.

Un militaire ayant fait la guerre ne peut entrer dans l'état ecclésiastique sans une dispense, parce que, ayant versé le sang, il s'est écarté de la douceur de mœurs que l'Église exige de ses ministres.

Le cas est le même pour un chirurgien qui aspirerait à l'état ecclésiastique.

Un ecclésiastique qui, dans le cas de légitime défense, aurait donné la mort ou infligé une blessure grave, deviendrait par ce fait seul *irrégulier* et devrait, pour continuer ses fonctions, se faire relever de la censure encourue. C'est pour des raisons analogues que les ecclésiastiques, tout en pouvant donner des soins de charité, ont la défense de remplir les fonctions de médecin, afin de ne pas encourir la responsabilité de la mort des malades. (*Droit canon.*)

[2] Ce fut en 1826 qu'eut lieu un solennel appel à tous les criminalistes de l'Europe sur l'examen de la légitimité et de l'efficacité de la peine de mort, par les deux concours qu'ouvrirent le comte de Sellon à Genève et la Société de la morale chrétienne à Paris. Quarante et un mémoires, écrits dans les langues française, italienne, allemande et latine, furent envoyés à ces deux concours. Les membres des jurys de Genève et de Paris décernèrent à l'unanimité le prix de ce double concours au mémoire, ou plutôt à l'ouvrage sur le *Système pénal et répressif en général et la peine de mort en particulier*, dont l'auteur était M. Ch. Lucas, alors avocat à la Cour royale de Paris. (Voir aux *Notes historiques*, notes I et V.)

donc établi qu'elle est sortie du domaine de la discussion pour entrer dans celui des faits accomplis.

On ne saurait se dissimuler toutefois que l'échafaud ne conserve encore des partisans sérieux et convaincus, et au moment où la question va fixer de nouveau l'attention des parlements les plus illustres de l'Europe, nous regardons comme un devoir d'essayer de présenter encore ici quelques réflexions à un point de vue plus actuel sur un sujet aussi grave.

I

Avant d'examiner la question de l'abolition de la peine capitale au point de vue strict des intérêts purement humains, civils et temporels, nous essayerons de l'envisager au point de vue des *droits de l'âme*, car cette grande pensée trouve sa sanction dans l'Evangile, et plusieurs des Pères de l'Eglise se sont élevés fortement contre cette usurpation sur les droits de Dieu, maître unique de nos destinées, et qui seul peut disposer de la vie et de la mort.

Néanmoins, comme on rencontre encore une opposition assez vive chez certains esprits religieux, qui se croient éclairés, et qui s'appuient sur la Bible pour combattre l'abolition des supplices, il importe de rappeler ici les paroles de l'Ecriture et les exemples que l'on y trouve, condamnant le droit que les hommes s'arrogent de disposer de la vie de leurs semblables.

L'esprit de l'Evangile, loi de grâce, appuie, plus encore

que la *lettre* même, les réclamations des abolitionnistes. Le droit de vie et de mort n'appartenant qu'à Dieu est établi implicitement par les passages suivants :

Celui qui tuera Caïn sera puni sept fois davantage. (*Genèse*, IV, 15.)

Délivre ceux qui sont traînés à la mort et qui sont sur le point d'être tués. (*Proverbes*, XXIV, 11.)

Je ne prends point plaisir en la mort du méchant, mais plutôt qu'il se convertisse et qu'il vive. (Ézéchiel, XXXIII, 11.)

Sans doute la loi mosaïque maintenait la peine du talion, mais c'était déjà une restriction apportée au droit rigoureux de la vengeance ; et, d'autre part, plusieurs auteurs juifs (cités par Barbeyrac, commentateur de Puffendorf) constatent que l'on pouvait par une amende se racheter de la peine encourue. En tous cas, la loi mosaïque, moins sévère que la loi anglaise, ne prononçait pas la peine de mort contre les voleurs, à moins que le vol ne fût sacrilége.

Quant aux supplices infligés aux criminels, celui de la peine de mort ne leur était pas appliqué sans de notables exceptions. David, qui avait fait périr Urie, le Héthien, fut frappé de terribles châtiments, mais Dieu lui laissa la vie. Le roi Manassé, qui avait mérité les peines prononcées contre les idolâtres, fut gracié et enfermé dans les prisons de Babylone, où il se convertit, et fut en exemple au monde.

On ne peut donc pas invoquer d'une manière absolue l'autorité de l'Ancien Testament. Le Deutéronome nous rappelle qu'à Dieu seul appartient la vengeance (XXXII, 35), et les passages que nous avons cités plus haut établissent clairement que, même chez les Hébreux, le droit de vie et de mort

n'appartenait qu'au seul Créateur de toutes choses, les juges
d'Israël n'étant que ses délégués.

Mais le Nouveau Testament est plus explicite, surtout si
l'on se rappelle, ce qui n'est contesté par personne, que la
lettre tue, et que c'est l'*esprit* seul qui vivifie. Sans parler de
la parole de saint Jacques [1], on peut dire que le discours sur
la montagne est tout entier la négation et la réfutation de la
loi du talion.

L'Eglise catholique s'est montrée sous ce rapport profon-
dément imprégnée des principes de l'Evangile quand elle a
affirmé cette maxime : « L'Eglise a horreur du sang. » Pour
avoir été trop oubliée, cette déclaration n'en est pas moins
une protestation à enregistrer quant à l'incompatibilité de
l'effusion du sang humain avec l'esprit du christianisme.

On peut citer à l'appui, et comme preuves, de nombreuses
déclarations de saint Augustin : « Il n'est personne, dit-il,
« parmi les catholiques pieux, qui approuve qu'un homme,
« fût-il hérétique, soit mis à mort. » — Dans sa lettre à Ma-
cédonius, il demande la grâce de plusieurs condamnés à mort,
et il ajoute que, s'il agit ainsi, ce n'est pas que l'Eglise veuille
que les délits restent impunis, elle réclame seulement la possibilité de convertir les criminels, de peur qu'en quittant la
vie par le supplice, ils ne tombent dans un autre supplice
qu'il ne sera plus au pouvoir de personne de faire cesser
(Ep. II, p. 153). — A des juges chargés de sévir contre les
Donatistes, il demande qu'ils renoncent au droit terrible de
les envoyer à la mort : « Nous désirons, écrit-il au procon-

---

[1] « Il y a un seul législateur qui peut sauver et qui peut perdre. » IV, **12**.

« sul d'Afrique, qu'ils soient punis pour ne pas encourir les
« peines du jugement à venir, mais non qu'ils soient tués. »
— « Il vaut mieux, dit-il ailleurs, les condamner à des tra-
« vaux utiles. »

Rappelons encore cette parole de Tertullien :

« Les chrétiens ont pour maxime de souffrir plutôt eux-
« mêmes la mort que d'y condamner personne ; »

Celle-ci d'Ambroise, consulté par un juge sur la question
de la peine capitale : « Le coupable peut se corriger; »

Et celle-ci enfin de Chrysostome : « Le Seigneur défend
« d'arracher l'ivraie, de peur qu'avec l'ivraie on n'arrache le
« bon grain. »

Dans la *Vie de saint Vincent de Paul,* par le cardinal
Maury, on trouve plusieurs preuves touchantes de sa sollici-
tude pour les forçats, et en général pour les prisonniers, et
l'histoire de la conversion, par son influence, d'un renégat
esclave. Ses missions auprès des galériens étaient encoura-
gées par l'espérance qu'il avait de la moralisation des criminels détenus. Un jour, à Marseille, il entra déguisé au
bagne, et au moyen de cette fraude pieuse il prit la place
d'un condamné, qu'il rendit ainsi à sa famille plongée dans
le désespoir et la misère.

Dans une autre communion, un éminent théologien, pen-
seur et philanthrope, Vinet, s'est prononcé non moins
clairement sur ce sujet. On nous saura gré de reproduire
quelques-unes de ses paroles :

« La vérité dont le peuple a besoin, et qui n'est pas assu-
« rément la nourriture du seul philosophe, doit être une
« vérité *sensible*, et, s'il était possible, *personnifiée*; il faut

« qu'elle s'incarne pour qu'il la reconnaisse et qu'il l'adore :
« vous ne lui ferez jamais aimer les *abstractions*[1]. »

II

La peine de mort cessant donc d'être considérée comme
la vengeance de la société (car si l'individu n'a pas le droit
de se venger, ne serait-ce pas une contradiction flagrante
d'admettre que la société, représentée par quelques indi-
vidus, puisse se l'arroger?), il ne reste plus qu'à l'examiner au point de vue des garanties que cette société a le
droit d'attendre de ceux qui la représentent, et qui doivent
la défendre.

Les peines irréparables peuvent atteindre, l'expérience ne
l'a que trop prouvé, des accusés innocents. Elles n'offrent
donc pas la sécurité qu'une loi sagement ordonnée doit
offrir à la généralité des membres de la société. De nombreux exemples établissent l'incertitude, l'insuffisance des
preuves qui déterminent parfois les arrêts de la justice
humaine.

« Quand les juges, faute de témoignages décisifs, con-
« damnent sur de simples présomptions morales ou sur des
« probabilités, comme dans les drames de Calas ou de l'in-
« fortuné Lesurques, la vérité, dit le chancelier d'Agues-
« seau, sort du nuage de la vraisemblance, mais elle en

[1] *Esprit de Vinet*, par Astié, p. 14, 134 et suiv.

« sort trop tard ; le sang de l'innocent crie vengeance
« contre la persécution de son juge, et le magistrat est
« réduit à pleurer toute sa vie un malheur que son repentir
« ne saurait réparer, malheur doublé pour lui par la vue du
« désespoir d'une famille qui porte injustement l'opprobre
« et le déshonneur durant des années, même durant des
« siècles, sous le coup d'un doute abominable. »

Personne n'ignore, en effet, que cette funeste conséquence d'une sentence inique pèse encore sur la malheu-
reuse famille de Lesurques, et que sa réhabilitation, malgré
les preuves les plus évidentes, n'a pas encore pu être ob-
tenue officiellement.

Il n'est pas sans exemple qu'un innocent ait été conduit
à l'échafaud par la vengeance d'un ennemi personnel, l'ac-
cusant à faux d'un crime dont il attestait avoir été le
témoin [1], puis révélant, mais trop tard, souvent sur son lit
de mort, l'affreuse vérité.

Le procès Grégoire, près de Valence, fournit également,
parmi les faits contemporains, un argument bien fort contre
les peines irrévocables.

Du reste, il y a près d'un siècle l'insécurité des jugements d'ici-bas et l'aveuglement possible des juges ont été
stigmatisés par le mot célèbre du président Dupaty : « Si
« l'on m'accusait d'avoir volé les tours de Notre-Dame, je
« n'hésiterais pas à m'enfuir. »

De sérieuses et insurmontables difficultés se rencontrent
aussi, lorsqu'il s'agit de prouver jusqu'à l'évidence que la

---

[1] Qu'on se rappelle l'histoire de Naboth, condamné à mort sous Jézabel, sur
la déposition de faux témoins. (I Rois, chap. xxi.)

mort a été le résultat d'un suicide plutôt que d'un assassinat. De là encore de funestes méprises.

L'exemple des *faux aveux* est aussi moins rare qu'on ne pourrait l'imaginer. L'exaltation qui résulte inévitablement pour l'accusé innocent des charges qui pèsent sur lui, des interrogatoires publics et privés qu'il subit, des horreurs du cachot, et enfin de la chance d'une mort infamante non méritée, a souvent provoqué de faux aveux, qui ont été suivis de la sentence inexorable.

Dans d'autres cas on a vu l'innocent entraîné à l'échafaud par le véritable coupable, persistant jusqu'à la fin sous l'empire d'un égarement frénétique à se déclarer son complice dans le crime, tandis qu'un malheureux hasard, une arrestation, suite d'une erreur ou d'une ressemblance funeste, les avait réunis en prison.

En sens inverse, comme exemple de l'insuffisance des preuves, on peut citer nombre de cas où le coupable échappe au châtiment, soit par l'effet de faux témoignages, soit par la terreur qu'il inspire aux complices ou aux témoins de son crime; il rentre alors dans le sein de la société, et il y rentre plus menaçant que jamais.

Le cas de monomanie du meurtre est jugé d'une appréciation si délicate par les médecins, qu'il est parfois impossible de discerner si le crime a été prémédité et commis volontairement, ou s'il a été le résultat d'un état d'aliénation mentale.

La perspective du dernier supplice poussant au suicide mérite aussi l'attention des amis de l'humanité. En effet, si le prévenu est accusé à tort, il ne lui reste que ce moyen d'échapper à une peine infamante dont la honte rejaillirait sur toute sa famille. Si même il a mérité un châtiment, mais qu'il n'ait fait qu'un premier pas dans la voie du crime sous l'empire d'un état d'exaltation fébrile ou de fanatisme, on peut croire que la pensée de se donner la mort deviendra une obsession presque irrésistible pour ce condamné menacé de la recevoir publiquement.

Enfin la peine de mort est un danger pour la société dans les moments de commotions politiques ou religieuses, où l'esprit de parti n'écoute plus rien et envoie à l'échafaud, comme à la Saint-Barthélemi et pendant la Terreur, l'innocent confondu avec le coupable. Il est très-rare que les partis, même les plus violents, rétablissent les abus quand une fois la société les a réformés. On ne revient guère en arrière en fait de civilisation. Les terroristes de 1793 euxmêmes n'osèrent pas ressusciter la torture, abolie par le roi Louis XVI; il est permis de croire qu'ils n'auraient pas réintégré la peine capitale si ce monarque eût suivi l'exemple du généreux Léopold, le frère de l'infortunée reine MarieAntoinette. Ainsi eût été épargné à la France le meurtre de ses rois, de ses prêtres et de tant de nobles victimes.

Le souverain de la Toscane ne fut pas le seul parmi les princes, ou régnants, ou rapprochés du trône, à considérer la réclusion comme une garantie suffisante contre le régicide et contre les crimes privés ou politiques. La czarine Élisabeth décréta l'abolition de la peine de mort; pendant vingt ans il n'y eut pas d'exécutions en Russie [1], et aucune augmentation dans le nombre des crimes n'y fut signalée.

[1] Voir, p. 35, aux *Notes historiques*, note II : LA PEINE DE MORT EN RUSSIE.

Le roi de Prusse Frédéric-Guillaume IV refusa longtemps sa signature lorsqu'il s'agissait d'un arrêt de mort, et le roi des Belges ne consent plus à la donner. Le roi Louis-Philippe passait la nuit à compulser les dossiers et à se recueillir avant de contre-signer la fatale sentence.

Le duc de Sussex, frère du roi d'Angleterre Georges IV, était le fondateur d'une société qui avait pour but d'étudier et d'examiner les effets de la peine de mort : chaque année cette société publiait un rapport et de nombreux écrits, tendant à établir les graves inconvénients du maintien des supplices et de l'avantage qu'il y aurait à y substituer la reclusion laborieuse.

A son passage à Genève, le grand-duc Michel de Russie, frère de l'empereur Nicolas, déclara aux magistrats qui vinrent le complimenter, qu'il partageait entièrement les convictions du fondateur génevois de la Société de la Paix, sur la suppression de la peine capitale.

En 1840, Oscar Ier, roi de Suède [1], alors prince royal, publiait un ouvrage intitulé : *Des peines et des prisons*, dans lequel, après avoir établi l'inefficacité de la peine de mort, il lui reprochait d'interdire à l'homme la possibilité de son amendement et de rendre impossible la réparation, incertaine et difficile la réhabilitation, en cas d'erreurs judiciaires ; et des motions abolitionnistes ont été votées par la seconde Chambre de la Diète.

A Taïti, la peine de mort a été abolie il y a plus d'un demi-siècle, jusqu'au protectorat français.

---

[1] Mort en 1859.

Plusieurs cantons suisses avaient pris l'initiative de l'abolition (Neuchâtel, Fribourg, Tessin), jusqu'au moment où l'Assemblée fédérale elle-même se prononça dans ce sens, il y a trois ans; de sorte que la peine de mort n'existe plus nulle part dans l'étendue de la Confédération.

En France, elle a été supprimée pour les délits politiques.

En Italie, après beaucoup d'autres, le général Garibaldi a demandé qu'elle fût retranchée du nouveau code qui doit régir le royaume, et le mouvement accentué qui se prononçait dès 1873 à cet égard remontait à la mémorable motion parlementaire de l'éloquent Mancini, de 1865.

Dans une lettre adressée à cet éminent criminaliste et publiée en février 1874, M. Lucas disait [1] : « L'expérience a « parlé ; elle a parlé en montrant aux Etats les plus timorés « que chaque abolition partielle de la peine de mort avait « été une garantie pour la répression, et par conséquent « pour la sécurité publique. Elle a parlé dans d'autres Etats, « tels que le grand-duché de Bade, la Belgique, le Wurtem- « berg, où se maintient l'abolition de fait de l'échafaud, par « suite des scrupules des souverains à signer des arrêts de « mort, de la répugnance des peuples à leur exécution, et « par suite notamment de la constatation qu'il ne résulte de « cette abolition de fait aucun péril pour la sécurité publi- « que. Elle a parlé surtout dans les Etats de Neuchâtel en « 1853, de Zurich en 1868, du Tessin et de Genève en 1871, « qui ont préparé par ces abolitions partielles l'abolition gé- « nérale de la peine de mort dans la Suisse tout entière.

---

[1] *La Peine de mort et l'Unification pénale en Italie*, 1874, p. 9.

« Elle a parlé par la suppression de l'échafaud dans la prin-
« cipauté de Roumanie en 1864, et dans les trois royaumes
« de Portugal en 1867, de Saxe en 1861, des Pays-Bas en
« 1870, où l'initiative royale est venue elle-même, avec le
« concours des pouvoirs publics, accomplir cette grande ré-
« forme. Or, il faut ajouter que dans la plupart de ces Etats
« l'abolition de fait avait devancé l'abolition légale. L'action
« des mœurs avait préparé celle des lois. »

Le même auteur, citant d'autres pays où des motions légis-
latives ont approché de bien près le vote de la majorité,
rappelle entre autres l'exemple de la Confédération du nord
de l'Allemagne : « Je dois parler, dit-il, de la mémorable
« séance du 1er mars 1870, où le parlement de la Confédé-
« ration du nord de l'Allemagne, malgré l'éloquente et éner-
« gique opposition de M. le comte de Bismarck[1], vota l'aboli-
« tion de la peine de mort à la majorité de 118 voix contre 80.

« Peu de temps après, il est vrai, à la troisième lecture
« du Code pénal, ce parlement donnait à l'Europe, atten-
« tive à la dignité persévérante de ses résolutions, l'affli-
« geant spectacle d'une grande assemblée qui vient tout à
« coup se déjuger dans une si grave matière, qui n'admettait
« guère cette brusque mobilité des convictions.

« Mais, malgré sa haute influence, le puissant chancelier
« fédéral n'obtint qu'une majorité de neuf voix, et ainsi il
« ne manqua que cinq voix à la réforme abolitive de la
« peine de mort pour avoir la sanction législative du parle-
« ment fédéral[2]. »

[1] Voir, p. 39, aux *Notes historiques*, note IV, LE CHANCELIER FEDERAL DE BISMARCK ET LA PEINE DE MORT.
[2] *La Peine de mort et l'Unification pénale en Italie*, p. 7.

Depuis ce maintien de la peine de mort dans le Code pénal allemand à cette majorité de cinq voix, l'empereur d'Allemagne n'a pas signé un seul arrêt de mort.

Rappelons enfin, et c'est un symptôme important, que la société des Amis de la Paix de Paris a relié à la question de l'arbitrage [1] remplaçant la guerre, celle de l'abolition de la peine de mort.

III

L'horreur croissante qu'inspire le bourreau et la difficulté toujours plus grande de rencontrer des hommes assez dépourvus de tous sentiments humains pour en accepter les odieuses fonctions, méritent, comme indice, de fixer l'attention de l'observateur impartial. Quelques brochures publiées à Genève il y a une dizaine d'années ont signalé la part de *responsabilité* du bourreau dans une sentence juridique, car la loi barbare qui rendait ces fonctions héréditaires n'existant plus, c'est bien de propos délibéré qu'il choisit ce moyen de gagner sa vie.

Chez les anciens, cette même aversion pour l'exécuteur des hautes œuvres existait déjà. On lui interdisait l'entrée des villes, et suivant M. Maffioli, cette interdiction existerait encore dans plusieurs villes de l'Italie. L'infamie dont tous les peuples ont instinctivement stigmatisé le bourreau devait augmenter avec les progrès de la civilisation. La Révolution française, qui voulait tout niveler, qui a bravé les préjugés les mieux établis, s'est arrêtée net en présence du

---

[1] Voir, p. 37, aux *Notes historiques*, note III : LA CIVILISATION DE LA GUERRE.

bourreau comme en présence d'un être *hors la loi.* L'état civil et politique de ce fonctionnaire est aujourd'hui ce qu'il était avant 1789.

Dans les temps reculés on n'employait que des esclaves pour exécuter les condamnés ; propriété de leurs maîtres, ils n'avaient ni le droit de refuser, ni la responsabilité de leurs actes ; aujourd'hui, chez le bourreau, l'infamie est *de son choix.*

A toutes les époques, même à celles qui touchaient à la barbarie [1], on a vu les sociétés frémir à la pensée qu'un de leurs membres serait employé à en mutiler un autre. Aussi avait-on souvent recours aux bêtes féroces pour exécuter les condamnations de la justice. Le bourreau doit reculer devant cette parole du poëte :

> . . . La vie humaine est de source divine ;
> N'y touchez pas ; arrière ! Un homme, c'est sacré !

IV

On vient de le rappeler : la peine de mort est antichré-tienne ; — elle n'offre pas à la société des garanties suffi-santes, puisqu'on a vu trop souvent l'innocent périr à la place du coupable, et le vrai coupable échapper au châtiment ; — elle est un danger dans les temps de révolution ; — enfin, la loi qui la consacre renferme une flagrante contradiction, puisqu'elle crée un fonctionnaire qu'elle livre à l'infamie.

[1] Les Grecs offraient souvent au meurtrier le choix entre la mort et un exil perpétuel. Au moyen âge, le meurtrier était admis à traiter pécuniairement avec la famille de la victime, et le Coran recommande des arrangements de cette nature plutôt que *le sang pour le sang.*

Beccaria s'exprime ainsi au sujet de cet inqualifiable contraste : « Quelle est donc l'origine de cette contradiction ? « Et pourquoi ce sentiment d'horreur est-il ineffaçable dans « l'homme malgré tous les efforts de la raison ? C'est que, « dans une partie de notre âme où les formes originelles de « la nature se sont le mieux conservées, nous retrouvons le « sentiment qui nous a toujours dicté que notre vie n'est au « pouvoir de personne. »

Des observations nombreuses et réitérées faites en divers pays, et les détails recueillis auprès des aumôniers des prisons, prouvent qu'en général l'échafaud cause moins d'effroi aux criminels qu'on ne se l'imagine communément. La plupart du temps la dépravation de ces malheureux est telle, leur incrédulité est si complète, qu'après la mort ils ne voient que le néant. Cette alternative leur paraît souvent préférable à une vie passée dans l'isolement et le remords.

La cour d'assises d'Aix en Provence a dernièrement condamné à vingt ans de travaux forcés un prévenu dans l'affaire Bouyn. L'accusé avait dit à la Cour : « Condamnez-moi à « mort : ça m'embête les travaux forcés ! »

M. le comte de Sellon, qui réclamait la prison perpétuelle, avait particulièrement étudié ce côté de la question, et c'est à ses patientes et consciencieuses recherches sur la peine de mort, non moins qu'à ses nombreux travaux sur la guerre, qu'il dut d'être nommé par le duc de Sussex, frère du feu roi d'Angleterre, membre actif de la Société anglaise qui consacrait le principe de l'inviolabilité de la vie humaine. Les témoignages éclatants et publics d'adhésion que le grand-duc Michel de Russie crut devoir lui donner lors de son passage à Genève, et une lettre autographe de l'ancien roi de Prusse Frédéric-Guillaume IV, prouvent également combien étaient appréciés dans les sphères supérieures, non-seulement les idées dont M. de Sellon s'était fait l'infatigable champion, mais aussi les soins scrupuleux qu'il apportait à les rendre réalisables.

Il n'est pas hors de propos de rappeler ici qu'une réforme complète du système pénitentiaire était pour M. de Sellon le corollaire obligé de la suppression de la peine capitale. Il voulait que l'on prît à l'intérieur des prisons toutes les mesures propres soit à empêcher l'évasion des prisonniers, soit à les mettre hors d'état de nuire. Pour les hommes dangereux il y avait le cachot, les menottes et le boulet, et cette dernière aggravation de peine a été réintroduite assez récemment dans un pénitencier suisse contre des détenus que des menaces ou des voies de fait avaient signalés à l'administration comme capables des derniers crimes.

Livingstone allait même plus loin dans ce sens ; il croyait que le meurtre, surtout quand il était le résultat d'une passion vivement surexcitée, devait être plutôt provoqué, exalté que réprimé par l'idée d'un coup unique tranchant le fil d'une existence chaque jour menacée, et qui n'offre au plus grand nombre des criminels aucun avenir assuré.

Dans son célèbre rapport au Sénat de la Louisiane, il n'hésite pas à déclarer la peine de mort non-seulement illégitime et irréligieuse, mais encore et surtout impolitique ; il en demande l'abolition, acceptant d'avance la responsabilité de toutes les conséquences qui en pourraient résulter. Il constate que pendant les deux cent cinquante années qui s'é-

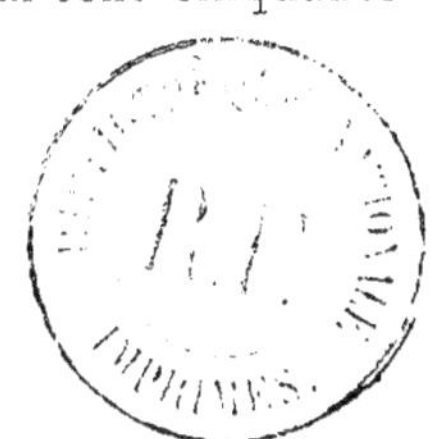

coulèrent à Rome entre la loi Valérienne et l'anéantissement de la République et de ses droits par le pouvoir d'un seul, il n'était permis de mettre à mort pour aucun crime, et sous aucun prétexte, un citoyen romain. Néanmoins l'histoire ne démontre pas que durant cette période les crimes y aient été plus fréquents.

L'éminent publiciste génevois Etienne Dumont, l'ami de Bentham et de Mirabeau, s'exprime ainsi dans sa publication de la *Théorie des peines et des récompenses*, par Bentham : « Prenez la classe des criminels; pour les uns la mort sera « une peine excessive, pour les autres elle sera presque « nulle, pour d'autres encore elle sera un objet de désir. »

Dans son *Tableau de Paris*, Mercier cite à l'appui de cette opinion l'exemple d'un assassin qui, sur la roue, disait à son compagnon de supplice qui poussait des cris : « Ne savais- « tu pas que nous étions sujets à une maladie de plus que « nos semblables ? »

Chez une certaine classe de meurtriers, il n'est pas sans exemple de les voir préférer à la prison à vie l'appareil dramatique d'une fin qui les pose en spectacle et les met en évidence. Le cynisme va jusque-là.

Carnot, dans son *Commentaire sur le code pénal*, dit que « les maux qui se renouvellent chaque jour, à chaque in- « stant, sont mille fois plus poignants que la mort, qui est le « dernier terme des souffrances » ; parole qui rappelle celle de Salluste : « Pour ce qui concerne les punitions, je puis « dire ce qui en est : que dans l'affliction et dans les dé- « tresses la mort est la fin de toutes les inquiétudes, au lieu « d'être un supplice. » (*Catilina.*)

Qu'on nous permette encore quelques citations.

Beccaria s'exprime comme suit au sujet des garanties que présente la réclusion perpétuelle : « Ce n'est pas l'intensité « de la peine qui produit le plus grand effet sur l'esprit hu- « main, mais sa durée, parce que notre sensibilité est plus « facilement affectée par des impressions faibles, *mais répétées*, « que par un mouvement violent, mais passager. La mort « d'un scélérat sera par cette raison un frein moins puissant « du crime que le long et durable exemple d'un homme « privé de la liberté et devenu un animal de service pour « réparer par les travaux de toute sa vie le dommage qu'il a « fait à la société. »

« L'intensité de la peine d'un esclavage perpétuel, dit en- « core le même écrivain, a tout ce qu'il faut pour détourner « du crime l'esprit le plus déterminé, aussi bien que la « peine de mort. J'ajoute qu'elle produira cet effet *encore* « *plus sûrement...* Beaucoup d'hommes envisagent la mort « d'un œil ferme et tranquille, les uns par fanatisme, d'au- « tres par un dernier désespoir qui les pousse à sortir de la « misère ou à cesser de vivre. Mais le fanatisme et la « vanité abandonnent le criminel dans les chaînes, sous « les coups, dans une cage de fer ! Et le désespoir ne *ter-* « *mine* pas les maux, mais les *commence*. Notre âme résiste « mieux à la violence et aux dernières douleurs, qui ne « sont que passagères, qu'au temps et à la continuité de « l'ennui ».

Filangieri, dans la *science de la législation*, déclare que la condamnation aux travaux publics est une peine qui procure à la société deux sortes d'avantages : elle offre l'exemple des maux attachés au crime, et elle fait tourner au profit de la société les occupations de celui qui l'a offensée.

« Nous nous sommes entretenu successivement avec tous « les prisonniers, dit M. de Tocqueville ; il n'en est pas un « seul qui ne nous ait parlé du travail avec une sorte de re- « connaissance. »

Cet ordre de considérations a prévalu en Allemagne, où la peine de mort, longtemps appliquée au vol, a été remplacée par une reclusion plus ou moins longue.

Quant aux condamnations à la peine capitale en matière politique, elles sont très-généralement réprouvées. L'opinion de M. Guizot a eu du retentissement, et elle a passé de son livre dans les lois, et de la France dans presque tous les pays de l'Europe.

Ce que les uns voient maintenant avec clarté, d'autres ne l'entrevoient encore que confusément, et comme le dit si bien Lamennais : « Lorsque la modification qui s'opère dans la no- « tion du droit est profonde, il en résulte une de ces époques « indécises, qu'on appelle *de transition,* où, la vieille idée « luttant contre la nouvelle, ce qui était ne peut plus sub- « sister, et ce qui sera ne peut être encore. Mais peu à peu « les ténèbres reculent, la lumière devient plus intense, et « l'unité se rétablit unité sociale, car la société n'est que « l'expression de l'état général des intelligences dans un « pays et dans un temps donnés. »

Cette phase de transition qui précède les grandes réformes existait déjà il y a une cinquantaine d'années [1], et elle n'a

---

[1] Voir. p. 14, aux *Notes historiques,* note V : DEUX CINQUANTAINES SCIENTIFIQUES.

fait que s'accentuer dès lors ; signalant son apparition par
l'abus que les juges faisaient des circonstances atténuantes.
Le fondateur de la Société de la Paix de Genève a exposé les
écueils de ce système et l'a combattu comme faussant les
notions de la justice et les principes de la morale. Mais cet
abus n'en a pas moins continué à se produire, et cela dans
des occasions où rien ne le justifiait. En tous cas il y a bien
là un signe des temps, et quand on voit des cours de justice
accorder même à des parricides le bénéfice des circonstances
atténuantes, on peut entrevoir le jour où, selon l'expression
d'un écrivain célèbre, on montrera une guillotine dans un
musée comme on y montre aujourd'hui des instruments de
torture, en s'étonnant que cela ait pu exister et fonctionner.

« Heureux le jour, dit Lamartine, où l'on verra dispa-
« raître devant la lumière divine ces deux grands scan-
« dales de la raison au dix-neuvième siècle : l'esclavage et
« la peine de mort ! Heureux le jour où la société humaine
« pourra dire à Dieu : «Comptez, Seigneur, nous rendons in-
« tactes à la nature toutes les vies qu'elle nous a confiées ;
« il n'en manque pas une. Si le crime a répandu encore
« quelques gouttes de sang sur la terre, nous ne l'avons pas
« lavé d'un autre sang, nous l'avons effacé sous nos larmes ;
« *nous avons rendu son innocence à la loi !* »

Nous l'avons dit ailleurs ; on nous permettra peut-être de
le répéter : le règne des oppressions, grandes et petites,
aura fait son temps ; la liberté civile et religieuse arrivée
alors à son dernier degré de développement, la traite des
noirs, cet opprobre du monde chrétien, ne sera plus qu'un
souvenir. Les grands centres reliés entre eux par les fils

électriques, la solidarité morale et matérielle des peuples en résultant, la guerre, ce meurtre en grand, sera remplacée par un système d'arbitrage européen. Le respect de l'indépendance des nations, déjà reconnu de droit, le sera partout de fait, et le meurtre juridique, ce dernier vestige d'une législation barbare, se verra retranché du code des nations civilisées; car l'esprit de ténèbres, qu'on pourrait à bon droit nommer l'ange de la damnation légale, sera vaincu et terrassé par l'ange des miséricordes.

Notre siècle a dressé des autels à l'humanité souffrante : il se prépare à en élever à la justice humaine, et non à cette déesse que ses devanciers ont armée d'un glaive en inscrivant au frontispice de ses temples la sinistre devise de l'*Enfer* du Dante : *O vous qui entrez, laissez toute espérance* [1] ! Le législateur d'une pénalité plus douce y gravera une croix, symbole et ancre du salut ; ainsi transfigurée, la justice deviendra dans ses attributs l'expression plus fidèle du mouvement progressif des idées, en restant avant tout répressive et protectrice des intérêts de la société, qu'elle a mission de sauvegarder ; en cessant d'être implacable dans ses arrêts, elle deviendra essentiellement moralisatrice et régénératrice ; les honneurs lui seront rendus, non plus en place de Grève, mais au seuil d'une prison pénitentiaire, cette clef de voûte d'une civilisation avancée ; et, selon l'expression d'un grand poëte, on verra le baume et l'huile où l'on appliquait le fer et le feu. Les peines irréparables à tout jamais rayées de nos codes, les lois retrempées à des sources

---

[1] Voi che entrate, lasciate ogni speranza.

plus pures, transformées au souffle de la charité et du progrès, consacreront *l'inviolabilité de la vie de l'homme*. La glorification de l'échafaud et du bûcher a fait son temps, et le bon sens public finit toujours par avoir raison des sophistes. Un illustre écrivain s'écriait, il y a trente ans déjà : « Le bourreau s'en va... » et, pour nous servir d'une expression saisissante empruntée à Mme la comtesse de Gasparin, « les lois barbares s'effondrent, dit-elle ; des
« peuples entiers se lèvent émus d'une même pitié ; on
« court sus aux vaisseaux de traite ; on donne sa vie pour
« détruire l'esclavage, on donne son argent pour nour-
« rir les affamés, on donne son temps pour instruire les
« masses. Le puissant mettait sa force à torturer le faible,
« il emploie son énergie à le défendre. Les animaux sont
« protégés. *L'homme s'inquiète des égorgements*. Une âme ne
« peut pas tomber sans que les autres âmes en souffrent. »
La réforme des législations criminelles est dans l'air, l'opinion s'en émeut et l'introduction d'une pénalité plus en rapport avec les besoins nouveaux comptera au nombre des plus belles conquêtes des temps modernes. Le meurtrier légal a prononcé lui-même son arrêt de mort ; la machine à tuer le suivra, et la cohorte des attardés qui cherche encore à durer disparaîtra dans l'ombre avec elle, murmurant à voix basse son oraison funèbre ; qui osera en porter le deuil au grand jour ? — Et nos arrière-neveux, au récit d'une exécution capitale, éprouveront le même frisson de dégoût et d'épouvante qui nous saisit au récit du supplice de Damiens.

Le vœu que formait Lamartine pour tous les pays du monde

s'est accompli pour la patrie suisse, où il a fini par devenir une réalité.

Puisse-t-il en être bientôt de même pour la France[1] et pour l'Italie[2], ces nobles foyers des généreuses inspirations !

L'Italie se prépare en ce moment à donner un bel exemple au monde civilisé. Le gouvernement de ce grand pays se trouvant, pour constituer son unification pénale que réclame son unité politique, dans l'obligation d'imposer le bourreau à la Toscane qui l'avait expulsé, ou d'en délivrer tous les autres États, ne pouvait hésiter à prendre le parti qu'indiquaient la tradition historique de l'Italie et le progrès de la civilisation. Le parlement italien suivra le gouvernement dans cette noble voie; car, comme l'a dit M. Ch. Lucas, « ce n'est « pas après avoir élevé hier, aux acclamations du pays et de « son gouvernement, une statue à Beccaria[3] sur la place de « Milan, que l'Italie viendrait aujourd'hui relever l'échafaud « sur celle de Florence ».

Nous avons foi dans l'avenir, dans un prochain avenir. Ainsi que le disait l'illustre fondateur de l'unité italienne, Cavour (dans son *Essai sur l'Irlande*) : « La vérité, une fois « mise en lumière, lorsqu'elle est acceptée par l'avant-garde « intellectuelle de la société, étend graduellement son em- « pire, en vertu d'une force providentielle qu'il est impos- « sible de nier, bien que ses lois échappent à notre percep- « tion. Il se produit pour ainsi dire une infiltration insensible, « mais continue, à travers les couches intellectuelles du pays,

---

[1] Voir p. 48, aux *Notes historiques*, note VI : LA FRANCE ET LA PEINE DE MORT.
[2] *Id.*, note VII : L'ITALIE ET LA PEINE DE MORT.
[3] *Id.*, note VIII : BECCARIA ABOLITIONNISTE.

« et ainsi la lumière se propage jusqu'à la base de l'édifice
« social. »

Le principe de l'inviolabilité de la vie humaine une fois
admis, les hommes éclairés salueraient avec un cri d'enthou-
siasme la réalisation de ce rêve de vingt siècles, puisque
l'Eglise a déclaré dans ses premiers jours qu'elle abhorre le
sang.

En essayant de faire valoir encore quelques-uns des arguments favorables à une cause si chère, nous croyons avoir
démontré qu'elle est d'un intérêt général, et qu'après avoir
été d'abord l'objet des études de quelques-uns seulement,
elle a fini par attirer l'attention de tous. Ainsi s'est justifiée
l'espérance exprimée par le comte de Sellon :

« Mes idées commenceront par circuler en omnibus, elles
« finiront par monter dans les carrosses des rois. »

NOTES HISTORIQUES [1]

I

LE MOUVEMENT ABOLITIONNISTE DE LA PEINE DE MORT, SON POINT DE DÉPART, SON PROGRAMME ET SES RÉSULTATS.

(Page 1.)

Plusieurs criminalistes considèrent que dans l'ordre des actes et des faits accomplis le mouvement abolitionniste remonte à l'impulsion qu'imprimèrent à cette réforme les hommes éminents qui appelèrent, en 1826, sur la question de la peine de mort, la liberté d'examen par l'ouverture des deux concours de Genève et de Paris. Il en est deux des plus autorisés dont nous croyons devoir citer l'opinion à cet égard.

L'un est le savant professeur de droit criminel à l'Université d'Upsal, et aujourd'hui conseiller à la cour suprême de Stockholm, M. d'Olivecrona, qui, dans son livre sur *la peine de mort*, publié à Upsal en 1866, et dont la traduction française parut à Paris en 1868, s'exprime ainsi, p. 183 : « La France ne peut abdiquer l'initiative qu'elle a prise en « plaçant l'abolition de la peine de mort sous l'influence civilisatrice « du christianisme, lorsqu'en 1825 tant d'hommes éminents, catho- « liques et protestants, réunis par l'unité de leur foi dans l'avenir de « l'humanité, instituèrent cette célèbre Société de la morale chrétienne, « qui eut pour fondateur les Guizot, les duc de Broglie, les Renouard, « les Rossi, etc., et qui inaugura son existence par le mémorable concours « sur l'examen de la légitimité et de l'efficacité de la peine de mort. Là se « trouve la date de l'une de ces puissantes et fécondes impulsions dans

---

[1] Les renseignements historiques que nous avons recueillis, et qui se rattachent à notre sujet, n'auraient pu trouver place dans notre dissertation sans nuire à l'exposé et à l'enchaînement des idées : c'est par ce motif que nous les produisons à la fin de cet écrit, sous la forme, du reste plus saisissante, de *Notes historiques*.

« le perfectionnement moral de l'humanité, qu'on peut ralentir un
« moment, mais qu'on n'arrêtera jamais. »

L'autre criminaliste distingué qui joignait à ses connaissances scientifiques l'expérience pratique[1] publia, la même année, dans la *Revue
critique de législation*, sur l'ouvrage du savant Mittermaier, relatif à *la
peine de mort, d'après les travaux de la science, les progrès de la législation et les résultats de l'expérience*, un remarquable article qui fit sensation en Allemagne, où la presse criminaliste en donna de nombreuses
citations, et dont nous voudrions pouvoir entièrement reproduire ici
les appréciations historiques.

M. Hello n'y considère l'abolition de la peine de mort en Toscane par
le grand-duc Léopold que comme un curieux et mémorable incident
dont l'importance est dans sa date historique, mais qui fut trop court
pour avoir quelque valeur pratique. Ce n'est qu'à notre époque, à
partir de 1859, que s'est réellement établie en Toscane l'heureuse
influence de la suppression de l'échafaud, et l'expérience de l'abolition
de la peine de mort ne peut ainsi invoquer dans le dix-huitième siècle
aucun précédent sérieux.

Le mouvement abolitionniste ne s'est produit, selon M. Hello, que
dans notre siècle, et il en fixe la date aux trois années 1825, 1826 et
1827, et aux faits successifs qui dans le cours de ces trois années dé-
terminèrent et caractérisèrent le point de départ de ce mouvement
abolitionniste.

« En 1825, dit-il, se produit un fait nouveau et considérable qui
« vient ouvrir pour ainsi dire une nouvelle ère aux travaux de la
« science sur la question de l'abolition de la peine de mort. Jusque-là,
« la science pouvait demander à la philosophie les raisons de la légiti-
« mité de la peine de mort ; mais elle était complétement dépourvue
« des moyens d'en étudier sérieusement l'efficacité. C'est le gouverne-
« ment français qui, en 1825, en publiant le premier compte rendu de
« la justice criminelle, vint donner les indications de la statistique pour
« permettre au philosophe et à l'homme d'État de suivre et de consta-
« ter le mouvement de la criminalité. Cet exemple de la France, imité

---

[1] M. Hello, qui fut inspecteur général des établissements pénitentiaires en France,
a publié, entre autres écrits, une *Notice* présentant par ordre chronologique le relevé
et la désignation des personnes et des associations qui ont pris la part la plus notable
au mouvement abolitionniste de la peine de mort. Il est aussi auteur d'un excellent
écrit sur les *Colonies pénitentiaires de jeunes détenus*.

« depuis par tous les gouvernements de l'Europe, a introduit désor-
« mais la méthode de l'observation dans les études du droit pénal, et
« préparé les arguments positifs qui ne pouvaient plus permettre aux
« défenseurs de la peine de mort d'en invoquer indéfiniment la néces-
« sité.

« Cette précieuse publication du compte rendu de la justice crimi-
« nelle avait été précédée, ajoute-t-il, de la fondation de la *Gazette des*
« *Tribunaux* et autres feuilles judiciaires, à l'aide desquelles on pou-
« vait suivre les débats des cours d'assises et, pour les cas de condam-
« nations capitales, saisir les circonstances qui précédaient et accom-
« pagnaient la fatale exécution. »

Le second fait qui donna l'impulsion au mouvement abolitionniste fut,
suivant M. Hello, l'appel solennel à tous les criminalistes de l'Europe,
sur l'examen de la légitimité et de l'efficacité de la peine de mort par
les deux concours ouverts à la fois par la Société de la morale chrétienne,
à Paris, et par le comte de Sellon, à Genève. A l'importance que donnait à ces concours la gravité du sujet, venaient s'ajouter l'autorité et
l'illustration des noms des membres des deux jurys d'examen, qui se
composaient, à Paris, de MM. le duc de Broglie, Guizot, le baron de
Staël-Holstein, de Rémusat, Ch. Renouard ; et, à Genève, de MM. Dumont, de Candolle, de Châteauvieux, Rossi et de Sismondi.

« Ce double concours, dit M. Hello, devait avoir pour objet, d'abord
« de provoquer sur la légitimité de la peine de mort un examen plus
« sérieux et plus approfondi que celui de Beccaria, en recherchant la
« solution dans les principes de la civilisation chrétienne et de la
« philosophie spiritualiste ; il devait ensuite demander à l'examen de
« l'efficacité de la peine de mort des indications précises et des appré-
« ciations positives, ce que n'avait pas fait et n'avait pu faire Beccaria,
« auquel manquaient les éléments nécessaires.

« Enfin, l'objet du concours ne devait pas être seulement de deman-
« der les raisons d'abolir la peine de mort, mais encore les moyens de
« la remplacer. Il ne s'agissait pas uniquement de détruire, mais d'édi-
« fier. »

Le troisième fait qui, d'après M. Hello, vint concourir à déterminer
le mouvement abolitionniste, fut le résultat de ce double concours,
constaté en 1827 par le jugement unanime des membres des deux jurys
de Paris et de Genève.

« L'ouvrage destiné, dit M. Hello, à répondre à l'objet de ce concours

« et à en réaliser la pensée devait donner à la question de l'abolition
« de la peine de mort le caractère, la maturité et les conditions pra-
« tiques d'une réforme qui ne se recommande pas seulement aux mé-
« ditations du philosophe, mais aux préoccupations de l'homme d'Etat.
« Les nombreux mémoires envoyés à ce double concours témoignèrent
« combien il répondait à l'état des esprits. Les membres des jurys de
« Paris et de Genève en signalèrent un qui, d'un avis unanime, avait
« une incontestable supériorité et présageait l'influence qu'il devait
« exercer sur la société et la législation.

« Cette prédiction ne tarda pas à se réaliser. Publié en France
« en 1827 et traduit à l'étranger sous ce titre : *Du système pénal et ré-*
« *pressif en général et de la peine de mort en particulier*, l'ouvrage du
« lauréat de Paris et de Genève, M. Ch. Lucas, devint le point de dé-
« part de ce mouvement abolitionniste, qui ne s'est pas ralenti depuis. »

M. Hello s'attache ensuite à montrer que ce qu'un éminent criminaliste, M. Faustin Hélie, a appelé depuis la puissante originalité du *Sys-*
tème pénal et répressif, consiste surtout dans la doctrine de répression
pénitentiaire, maintenant si répandue, qui vient combiner, concilier et
unir les deux principes de l'intimidation et de l'amendement, et qui,
suivant l'expression du comte de Sellon, a fait de la réforme pénitentiaire le corollaire de l'abolition de la peine de mort.

Les savants criminalistes Mittermaier et le baron d'Holtzendorff en
Allemagne, Mancini et Carrara en Italie, Herbst et Glaser en Autriche,
Ducpétiaux et Thonissen en Belgique, d'Olivecrona en Suède,
A.-A. Pinto dans les Pays-Bas, etc., vinrent donner à ce mouvement
abolitionniste une active et féconde impulsion par des écrits célèbres
et la communauté de leurs généreux efforts.

L'entente, en effet, s'établit parmi les abolitionnistes, dont M. Lucas
indique[1] en ces termes le programme, que l'on retrouve du reste
recommandé sans cesse dans ses précédents écrits : « Le programme
« de ce mouvement abolitionniste considéra qu'il fallait distinguer dans
« les différents Etats de l'Europe ceux qui étaient le moins préparés à
« cette réforme, ceux qui l'étaient le mieux et ceux enfin qui se trou-
« vaient dans une situation intermédiaire.

« Dans les premiers, on devait se borner d'abord à prêcher l'abolition
« graduelle, à y restreindre de plus en plus, par des suppressions par-

[1] *L'Unification pénale en Italie*, p. 6.

« tielles, le domaine de la peine capitale, de manière à constater ainsi
« progressivement son inefficacité et discréditer son empire.

« Dans les Etats où le sentiment public répugnait à l'application de
« la peine de mort, mais en voulant toutefois interroger les témoi-
« gnages d'une expérience locale avant d'en prononcer la suppression,
« le mouvement abolitionniste avait à conseiller l'abolition de fait avec
« la conviction que l'influence des mœurs sur les lois conduirait
« chacun de ces Etats dans un délai assez rapproché à l'abolition de
« droit.

« Enfin, dans les pays les mieux préparés, où le progrès de la raison
« publique le permettait, il fallait demander résolûment qu'on effaçât
« de la législation criminelle cette dernière et sanglante trace du
« talion. »

Quant aux moyens de propagande, ils consistaient surtout à faire
appel à l'influence que l'esprit d'association, la publicité de la presse
et le concours des Académies et sociétés savantes devaient exercer
sur l'opinion publique et l'initiative parlementaire.

Ce programme reçut son exécution et produisit son effet. Dans
divers pays se fondèrent des sociétés abolitionnistes, dont celles de
Londres et de Liége ont acquis une grande notoriété. Les journaux
même les moins sympathiques à la cause de l'abolition de la peine de
mort, auxquels étaient communiqués tous les faits, recueillis avec
exactitude, qui militaient en faveur de cette réforme, du moment où ils
présentaient un intérêt historique, les inséraient assez volontiers ;
tandis que les journaux abolitionnistes ne manquaient pas de faire valoir
les arguments qu'on pouvait tirer de ces faits en faveur de leur opinion.

Transportée sur le terrain de l'observation pratique, la question de
la peine de mort offrait un horizon nouveau aux études des sociétés
savantes et des Académies, et l'auteur du *Système pénal et répressif*
n'imagina pas de plus grand service à rendre au mouvement abolitionniste que de venir exposer le développement progressif de ses
résultats dans des communications successives à l'Institut de France,
insérées dans le Compte rendu des travaux de l'Académie des sciences
morales et politiques.

Cette mission qu'il s'était imposée fut interrompue par la guerre de
1870-71 ; mais les débats sur la peine de mort dans le parlement italien,
en 1874, lui fournirent l'occasion de continuer son rôle d'historien du
mouvement abolitionniste, auquel il avait pris une active et persévé-

rante coopération par ses écrits publiés à l'occasion de chaque lutte à soutenir pour le succès vivement disputé de ces abolitions successives, et dont la collection ferait aujourd'hui la matière de plusieurs volumes.

L'influence que la propagande des sociétés abolitionnistes, la publicité de la presse et les études des Académies étaient appelées à exercer sur le développement progressif de cette réforme fut considérable. De toutes parts des motions abolitionnistes émanées de l'initiative parlementaire soulevèrent de graves débats dans les Chambres électives de l'Allemagne, de la France, de l'Angleterre et de la Suède.

Mais deux surtout firent une sensation profonde : celle du célèbre criminaliste Mancini, qui proposa en 1865, à la Chambre des députés d'Italie, l'extension à tout le royaume de l'abolition de la peine de mort réalisée en Toscane, et obtint une majorité imposante en faveur de cette proposition. L'autre motion abolitionniste est celle qui, au commencement de 1870, dans le Parlement de la Confédération du nord de l'Allemagne, réunit une grande majorité à la première lecture du projet de Code pénal, malgré l'énergique opposition du grand chancelier fédéral, dont tous les efforts à la troisième lecture ne purent rallier au maintien de l'échafaud qu'une majorité de neuf voix.

Sur aucun point de son programme le mouvement abolitionniste ne faillit à sa tâche, ainsi qu'en témoignent les faits et les résultats accomplis dans ce demi-siècle.

Parmi les pays les plus attardés dans la voie de cette réforme, il n'en est pas un seul dont le Code pénal n'ait été revisé, et dont la révision ne présente des suppressions partielles qui sont le symptôme d'une tendance manifeste à l'abolition graduelle de la peine de mort.

Parmi les Etats qui voulurent préluder par le témoignage de l'expérience, plusieurs passèrent ensuite de l'abolition de fait à l'abolition de droit ; et trois de ces Etats, le grand-duché de Bade, la Belgique et le Wurtemberg, sont encore dans l'abolition de fait, depuis treize, l'autre depuis douze, et le troisième depuis neuf ans.

Les Etats où a été réalisée l'abolition de droit, sont : la Toscane en 1859, la Roumanie en 1864, le Portugal en 1867, la Saxe en 1868, la Hollande en 1870, et la Suisse en 1874.

Tels ont été, pendant le demi-siècle qui vient de s'accomplir, le point de départ, le programme et les résultats du mouvement abolitionniste.

Nous n'avons voulu parler dans cette note historique que des résul-

tals du mouvement abolitionniste d'origine scientifique, et non de ceux
du mouvement abolitionniste d'origine révolutionnaire. Les premiers
seuls sont sérieux et durables, parce qu'ils appartiennent à la marche
progressive de la civilisation.

Les abolitions que, sous l'empire de la révolution de 1848, le parlement de Francfort décréta dans toute l'Allemagne, ne survécurent que
bien peu de temps à son existence ; tandis que les abolitions de droit
et de fait qu'a produites le mouvement abolitionniste dont nous venons
de parler, présentent une durée :

  de 29 ans en Portugal,
  de 25 — en Saxe,
  de 15 — en Hollande,
  de 13 — dans le grand-duché de Bade,
  de 12 — en Roumanie et en Belgique,
  de 9 — dans le Wurtemberg,
et de 3 — dans la Confédération suisse, où l'abolition de
l'échafaud avait été précédée par une expérience :

  de 20 ans dans le canton de Neuchâtel.
  de 7 — dans celui du Tessin,
  de 5 — dans celui de Zurich,
et de 2 — dans celui de Genève.

Nul n'a contesté l'exactitude des faits historiques que nous venons
de citer, et que nous avons puisés à la source authentique du compte
rendu des communications faites à l'Académie des sciences morales et
politiques ; mais les antiabolitionnistes se sont attachés à en atténuer et
méconnaître même l'importance. Ils avaient d'abord affirmé que l'échafaud ne pouvait être supprimé dans aucun État quelconque, sans com-
promettre la sécurité publique et individuelle.

Puis, lorsqu'il a été reconnu que la peine de mort avait pu être supprimée dans plusieurs cantons de la Suisse, sans réaliser leurs sinistres
prédictions, ils ont prétendu que ce n'était là qu'un minime résultat,
en raison du territoire peu étendu et de la population peu élevée de ces
cantons ;

Puis encore, lorsque l'abolition s'est étendue de ces cantons aux
royaumes de Portugal, de Saxe, de Hollande et à la Confédération suisse
tout entière, ils ont cherché à discréditer la valeur de résultats aussi

considérables en déclarant que l'expérience seule d'un grand Etat pouvait donner la solution du problème.

Pour enlever à l'incrédulité des antiabolitionnistes son dernier retranchement, il fallait donc que l'un des grands Etats de l'Europe prît la glorieuse initiative de l'abolition de la peine de mort. C'est ce que vient de faire le roi d'Italie, en effaçant la peine de mort du projet du Code pénal qui a été présenté par le ministre de la justice, l'illustre Mancini, à la Chambre des députés italiens, et qui fera prochainement l'objet de ses délibérations.

C'est ainsi qu'à la fin du demi-siècle que sa durée va atteindre, le mouvement abolitionniste de la peine de mort devra à l'Italie son magnifique couronnement.

II

LA PEINE DE MORT EN RUSSIE.

(Page 10.)

Les lois pénales de la Finlande, en raison de leur vieille origine, étaient jusqu'à ces derniers jours les plus cruelles ou, pour mieux dire, les plus barbares de l'Europe, et l'on peut s'étonner que des lois pareilles eussent pu exister si longtemps. Voici l'explication de cette anomalie :

D'après l'organisation politique du grand-duché de Finlande, le concours de la diète est une condition indispensable de toute réforme législative. Or, après la session de la diète de Finlande convoquée à Borgo en 1809, les Etats du grand-duché n'avaient pas été appelés à siéger durant les règnes des empereurs Alexandre Ier et Nicolas. Mais après son avénement au trône, l'empereur Alexandre II, ce magnanime souverain auquel la Russie et l'humanité doivent l'abolition du servage, n'oublia pas dans ses préoccupations civilisatrices la réforme pénale et la réforme pénitentiaire, et les sentiments généreux de ce souverain ne pouvaient tolérer le barbare anachronisme de la législation criminelle en Finlande.

A la première session, en 1863-64, de la diète, qui depuis fut convoquée à des intervalles réguliers, le gouvernement impérial saisit l'assemblée de la proposition de reviser le système pénal et de le mettre en harmonie avec l'esprit du temps. Après des débats animés, les membres de la diète se prononcèrent pour l'abolition complète de la peine de mort. Si l'abolition de la peine de mort n'avait pas malheureusement survécu au règne d'Elisabeth, du moins elle n'avait été rétablie que pour les crimes de haute trahison et les attentats contre la personne de l'empereur. Le gouvernement russe ne voulant pas déroger à l'unification pénale de l'empire, le projet élaboré par la diète fut transmis à un comité spécial chargé de le réviser et de le remanier. Ce comité termina son travail à la fin de 1875, et un projet complet de code pénal publié par les journaux finlandais restreignait l'application de la peine de mort aux seuls cas précités où elle est appliquée par les lois de l'empire.

Puisse le généreux souverain de la Russie restaurer l'abolition de la peine de mort qu'avait inaugurée l'impératrice Elisabeth ! car les titres qu'un souverain s'est acquis à la reconnaissance de ses sujets sont, pour le salut de sa personne et celui de son empire, une garantie qu'aucune disposition pénale ne saurait offrir.

III

LA CIVILISATION DE LA GUERRE.

(Page 18.)

La réforme que M. Lucas a nommée *la civilisation de la guerre* a besoin de se définir pour permettre de bien en saisir le sens, et il a eu le soin d'en donner lui-même la définition dans une lettre du 13 février 1873, à M. Mignet, secrétaire perpétuel de l'Académie des sciences morales et politiques, et publiée dans le compte rendu des travaux de cette Académie. « Je n'entends pas, dit M. Lucas, qu'on puisse se mé-
« prendre sur le sens que j'attache à ces mots : *civilisation de la*
« *guerre*, et qu'on puisse y voir une réglementation de coups de ca-
« non, une science de massacrer correctement, un commentaire enfin
« plus ou moins savant sur une pratique qui est la négation même du
« droit.

« Mon vœu que l'humanité arrive par l'arbitrage à l'abolition de la
« guerre, est de bien vieille date ; mais je n'ai jamais osé espérer qu'il
« pût s'accomplir autrement qu'en conformité de la perfectibilité hu-
« maine, par le progrès de la raison publique et de l'adoucissement
« des mœurs.

« Civiliser la guerre, c'est, selon moi, proclamer bien haut le seul
« principe qui puisse la justifier, celui de la légitime défense, et en de-
« hors de ce principe la flétrir comme criminelle ; en un mot, c'est
« montrer ce qu'est le *droit*, la guerre défensive, et ce qu'est le *crime*,
« la guerre offensive de l'ambition et de la conquête. Ce qu'il faut s'at-
« tacher surtout à abolir, c'est la seconde, car alors la première n'au-
« rait plus de raison d'être. »

Le promoteur de la réforme relative à la civilisation de la guerre complète cette définition dans son écrit publié en 1873 (librairie Guillaumin) sous le titre : *le Droit de légitime défense dans la pénalité et dans la guerre*. Il y pose les deux principes fondamentaux de la civilisation de la guerre, celui d'abord de l'arbitrage international pour la prévenir et, quand elle n'a pu être prévenue, celui de la légitime défense pour la régler.

C'est ainsi qu'il vient de seconder les généreuses aspirations des sociétés de la paix à l'abolition de la guerre ; car, comme il l'a dit si bien, en supprimant le crime de l'agression et de la conquête, la guerre, même défensive, n'aurait plus sa raison d'être.

Il signale enfin les institutions qui entrent dans la civilisation de la guerre, telles que la société de *la Croix rouge*, fondée à Genève, pour les soins à donner aux blessés, et la création de la société relative aux secours à donner aux prisonniers de guerre, dont M. le général comte d'Houdetot a pris l'initiative en France.

IV

LE CHANCELIER FÉDÉRAL DE BISMARCK ET LA PEINE DE MORT.

(Page 13.)

L'échec que fit essuyer au chancelier fédéral, dans les mémorables débats du parlement de la Confédération du nord de l'Allemagne, à la ésance du 1er mars 1870, le vote d'une imposante majorité en faveur de la suppression de l'échafaud, n'en fut pas un pour son talent ; car le remarquable et éloquent discours qu'il prononça eut un grand retentissement dans la presse européenne.

Mais le ton de ce discours si agressif à leur égard ne permettait pas aux abolitionnistes l'indifférence du silence. La situation leur commandait une réfutation présentée avec le calme et l'impartialité historique et qui sût unir à la force de l'argumentation et à l'élévation de la pensée la convenance et la modération du langage.

Ce fut le doyen des abolitionnistes qui se chargea de cette réfutation et en fit l'objet d'une communication à l'Institut de France, sous le titre de *Lettre à Son Excellence M. le comte de Bismarck, chancelier fédéral, à l'occasion de son discours au parlement fédéral contre l'abolition de la peine de mort.* Insérée dans le *Compte rendu des travaux de l'Académie des sciences morales et politiques*, reproduite par la *Revue critique de législation*, cette réfutation fit sensation en Allemagne, où elle fut traduite et distribuée. par les soins du comité abolitionniste de Berlin, aux membres du parlement de la confédération du Nord. Nous croyons devoir rappeler et citer ici quelques passages de cette réfutation présentée par l'éminent académicien au nom de l'opinion abolitionniste.

« Vous avez fait, monsieur le chancelier, avec l'accent d'une pro-
« fonde et souvent éloquente conviction, le procès à votre temps, à
« votre pays et à la portion la plus éclairée de sa population. Cette ré-
« pugnance toujours croissante contre l'échafaud et le principe du ta-
« lion, *dent pour dent, sang pour sang*, qui seul pouvait en justifier le
« maintien, ce symptôme heureux d'une morale épurée où l'idée de la
« justice remplaçait celle de la vengeance, ne vous a paru que le signe

« douloureux d'une époque de décadence, et vous n'avez vu dans cette
« élévation des âmes que l'abaissement des caractères et la peur des
« responsabilités.

« C'est le reproche que vous adressez surtout aux hommes les plus
« compétents et les plus autorisés, aux jurisconsultes, qui sont en cette
« matière les interprètes de la science et de l'expérience ; aux jurés,
« qui sont ceux de la conscience publique. Vous gémissez sur les dé-
« faillances des magistrats, qui ne savent plus user du glaive de la loi,
« et vous plaignez les souverains eux-mêmes qui le laissent tomber de
« leurs mains royales.

« Les hommes, parmi les magistrats et les jurisconsultes, comme par-
« tout ailleurs, n'ont pas au même degré la fermeté de l'esprit. Mais
« doit-on appeler, dans le temps passé et dans le temps présent, les es-
« prits fermes ceux qui, fléchissant sous l'empire de la tradition, n'o-
« sent abandonner une peine dont ils ont contracté l'habitude de se
« servir ; et doit-on, au contraire, traiter d'esprits faibles ces hommes
« d'élite qui, réagissant contre la pression du passé, affirment les be-
« soins du présent et aspirent aux perfectionnements de l'avenir ?

« Est-il donc une plus grave question à résoudre pour une Assemblée
« législative que celle de la peine de mort, et ne sont-ils pas des esprits
« bien résolus et bien convaincus ceux qui, au lieu de laisser au passé
« la continuation de la responsabilité de son maintien, ne craignent pas
« d'assumer sur eux, dans le présent et dans l'avenir, celle de son abo-
« lition ? Est-ce à la majorité du Parlement fédéral qu'on peut dire que
« son mémorable vote trahit la peur de la responsabilité, lorsqu'il dé-
« clare résolûment à la face de l'Europe que la civilisation de la confé-
« dération du Nord est assez avancée, pour n'avoir plus besoin désor-
« mais de la protection du bourreau ? »

. . . .

« Il est évident que toutes ces abolitions de fait témoignent chez les
« souverains de notre époque d'un éloignement pour l'application de
« cette peine chaque jour plus prononcé, et que le monarque éclairé
« de la Prusse éprouve lui-même, car son ministre de la justice n'a pas
« dissimulé les sentiments de l'homme privé.

« Vous êtes bien sévère, monsieur le chancelier, et, j'oserai même le
« dire à Votre Excellence, injuste envers ces souverains lorsque vous
« leur reprochez la peur de la responsabilité. Ce n'est pas ainsi que par-
« lera l'histoire, qui les honorera de ne s'être pas isolés des besoins mo-

« raux de leur temps, et de n'avoir pas étouffé sous le manteau royal
« les scrupules de la conscience humaine, qui rendent plus pesante
« entre leurs mains la plume destinée à signer un arrêt de mort que le
« sceptre de leur puissance.

« Sans doute la justice humaine, par la seule raison qu'elle est
« faillible, ne peut abdiquer. Mais c'est pour elle un rigoureux devoir
« de ne négliger aucune des garanties pour prévenir et réparer ses
« erreurs. Ce n'est pas la peur, c'est l'oubli condamnable de sa res-
« ponsabilité qu'il faut lui reprocher, quand elle maintient une peine
« irréparable. Lorsque le témoignage de la logique vient se corroborer
« par celui de l'histoire même contemporaine, comment les pages des
« annales judiciaires entachées d'un sang innocent ne troubleraient-
« elles pas la conscience du juré, du magistrat et surtout celle du sou-
« verain qui, quand il s'agit de cette peine effrayante, est seul appelé
« à décider en dernier ressort de son exécution?

. . . .

« J'ajouterai une autre considération : au moment où cette grave
« question de l'abolition de la peine de mort doit être résolue, ainsi que
« je l'ai déjà dit, par la raison et non par le sentiment, il ne faut pas
« s'en rapporter à l'opinion des masses, qui suivent la mobilité de leurs
« impressions. On doit nécessairement s'adresser à la portion éclairée
« de la population, qui, par suite de son éducation, de son instruction
« et des diverses professions qu'elle exerce, a pu arriver à une convic-
« tion réfléchie. Là seulement se rencontrent les véritables éléments qui
« constituent la raison publique. Or, je ne puis avoir sous ce rapport
« de témoignage plus convaincant que celui même de Votre Excellence,
« sur l'opinion si générale qui, dans la portion éclairée de la popula-
« tion de la Confédération du Nord, se prononce contre le maintien de
« la peine de mort, puisque votre discours, ainsi que je l'ai déjà indi-
« qué, constate et condamne ces tendances abolitionnistes avec une si
« inexorable sévérité.

« Voulez-vous, du reste, Monsieur le Chancelier, par un coup d'œil
« rétrospectif, apprécier la différence et le progrès du temps? Lors-
« qu'en 1791 la France eut l'immortel honneur d'introduire pour la
« première fois en Europe dans les débats législatifs la question de la
« peine de mort, dont les deux comités de constitution et de législation
« réunis proposèrent l'abolition à l'Assemblée nationale, les murmures
« des tribunes publiques couvrirent souvent, pendant ces mémorables

« débats, la voix des orateurs qui demandaient le renversement de
« l'échafaud ; et les applaudissements de ces tribunes accueillirent la
« proclamation du vote qui le maintenait.

« Voilà ce qui se passait en 1791, à Paris, devant l'Assemblée natio-
« nale ! Que se passe-t-il à Berlin devant le parlement fédéral ? L'af-
« fluence dans les tribunes publiques est considérable ; les orateurs qui
« parlent contre le maintien de l'échafaud sont écoutés avec l'intérêt le
« plus sympathique, et lorsque est proclamé le vote d'abolition de la
« peine de mort, des applaudissements prolongés se font entendre.

« Croyez-vous, Monsieur le Chancelier, qu'entre ces deux époques,
« l'an 1791 soit celle du progrès moral de l'humanité et l'an 1870 celle
« de sa décadence ? Ne pensez-vous pas qu'entre ces deux états de
« civilisation, celui-là qui se sent assez fort pour briser l'échafaud,
« ne donne pas la plus haute idée de sa virilité et de sa moralité et
« ne permet pas d'envisager d'un œil plus rassuré l'horizon de l'a-
« venir ? »

M. le comte de Bismarck ne crut pas devoir se renfermer dans le
silence, et M. le baron de Werther, ambassadeur de la Confédération
du Nord à Paris, fut chargé d'adresser en son nom à M. Ch. Lucas la
réponse suivante, que publia la presse française et étrangère :

Paris, 6 avril 1870.

« Monsieur,

« Vous avez bien voulu envoyer à M. le Chancelier de la Confédé-
« ration de l'Allemagne du Nord un exemplaire d'une lettre destinée
« à paraître dans la *Revue française de législation et de jurisprudence*,
« sous le titre : « Lettre à S. Exc. M. le comte de Bismarck, à l'oc-
« casion de son discours sur l'abolition de la peine de mort. »

« M. le comte de Bismarck me charge et j'ai l'honneur de vous dire
« que, tout en regrettant d'être en désaccord sur cette grave question
« avec une autorité aussi éminente, il vous exprime ses remercîments
« empressés pour votre marque d'attention.

« Il doit ajouter que, même dans l'avenir, il ne pense pas pouvoir ré-
« pondre à l'attente exprimée à la fin de votre lettre, et qu'il restera
« l'ennemi irréconciliable de l'abolition de la peine de mort.

« Agréez, Monsieur, l'assurance de ma considération très-distinguée.

« L'ambassadeur de la Confédération de l'Allemagne du Nord.

« WERTHER. »

On voit que l'abolition de la peine de mort a malheureusement pour ennemi irréconciliable le puissant homme d'État qui exerce une influence si considérable sur les destinées de la Prusse et de l'empire d'Allemagne tout entier.

Mais la cause abolitionniste a pour elle l'appui du parti *national libéral*, qui joue un rôle si important dans les débats parlementaires, et elle a de plus en sa faveur les sentiments personnels des souverains et la résistance de leur conscience à accepter la responsabilité de la signature d'un arrêt de mort.

V

DEUX CINQUANTAINES SCIENTIFIQUES.

(Page 20.)

Cinquante ans, c'est peu dans la vie intellectuelle d'un peuple, mais c'est beaucoup dans celle d'un homme : aussi sont-elles assez rares ces cinquantaines scientifiques, littéraires ou artistiques, qui passent inaperçues en France et en Angleterre, mais que l'usage est de célébrer en Allemagne, en Suède, en Autriche et en Italie, avec un caractère même international, et qui sont parfois pour les souverains l'occasion de s'associer à cette célébration par des distinctions qu'ils décernent aux nationaux ou étrangers.

Le mérite de la cinquantaine doit être sans doute partout honoré dans les sciences, dans les lettres et dans les beaux-arts. Mais la cinquantaine à laquelle notre sympathie est plus particulièrement acquise, c'est celle du savant dont les travaux, spécialement appliqués à la *réalisation* d'une idée et d'une réforme civilisatrice, constituent l'unité de la vie et la persévérance du dévouement.

Tel est le caractère des deux cinquantaines dont nous ne pouvions omettre de parler, puisqu'elles ont été consacrées à l'abolition de la peine de mort et du régime pénitentiaire, c'est-à-dire aux deux réformes qui ont inspiré cet écrit.

La première cinquantaine est celle du célèbre professeur de Heidelberg Mittermaier. Disciple de Feuerbach, dont il avait été d'abord le secrétaire, il soutint pendant les vingt-cinq premières années de cette cinquantaine la doctrine du criminaliste bavarois, qui professait le principe de l'intimidation et de la nécessité de la peine de mort.

Mais lorsque, par suite de ses études et de ses observations, Mittermaier sentit s'éteindre sa foi dans l'école de l'intimidation, il n'hésita pas, avec une loyauté qui lui fit le plus grand honneur, à se rallier à l'école de la répression pénitentiaire et à embrasser la cause de l'abolition de la peine de mort, à laquelle il consacra avec une infatigable

persévérance l'autorité de son nom, la puissance de son talent et la
chaleur d'une âme noble et convaincue.

Du moment où Mittermaier fut rallié à la doctrine de la répression
pénitentiaire que propageait M. Lucas, la communauté des idées les
conduisit bien vite à celle des affections, qu'une correspondance suivie
vint de jour en jour affermir.

Mittermaier se proposait d'enrichir son ouvrage sur *la peine de mort*
des documents nouveaux qu'il avait recueillis en Europe et aux États-
Unis, de 1862 à 1866, lorsqu'il en fut empêché, en août 1867, par la
mort, qui pouvait seule arrêter son infatigable activité.

En réponse aux félicitations que M. Lucas lui exprimait au sujet des
grandes croix de l'ordre autrichien et de l'ordre badois, que l'empereur
d'Autriche et le grand-duc de Bade venaient, à l'occasion de sa cinquantaine, de lui conférer comme témoignage de la vénération univer-
selle dont l'Allemagne entourait sa vieillesse, Mittermaier lui adressait,
le 12 août 1867, la lettre suivante, la dernière qu'il devait écrire [1] :

« Mon excellent ami, je viens répondre immédiatement à votre lettre
« et vous rendre compte de ma situation. Il y a dix semaines que je
« suis atteint par une maladie grave. J'éprouve une fièvre grave et une
« dépression de toutes les facultés. Dans cette situation mon cœur ne
« peut guère être sensible à ces décorations inattendues. Vous sentez
« combien mon état m'attriste. Tous mes travaux sont interrompus.
« J'ai recueilli des renseignements si précieux et si importants qui
« fourniraient des arguments irrésistibles pour l'abolition de la peine
« de mort! Si le bon Dieu rétablissait mes forces, je m'en occuperais,
« et cela vous ferait grand plaisir. »

Dans cette lettre se peint bien l'âme de Mittermaier. D'abord, c'est
l'expression de l'insensibilité quand il s'agit de ces hautes distinctions
qu'on lui confère, au moment où il sent qu'il s'éteint. Mais à l'idée de
l'abolition de la peine de mort qui est son vœu le plus cher, à l'idée de
la science qui fut le culte de sa vie, il rappelle à lui cette vie qui s'en
va. Il n'est plus défaillant, il n'est plus insensible; il retrouve encore
dans son âme la chaleur de ses convictions et l'énergie de son dévouement à les défendre.

Quelques jours plus tard, M. Lucas recevait une lettre de son digne

---

[1] Voir, dans les *Comptes rendus de l'Académie des sciences morales et politiques*,
dont Mittermaier était correspondant, la notice sur sa vie et ses travaux par M. Ch.
Lucas, 1869.

fils, M. Franz Mittermaier, docteur jurisconsulte, qui lui apprenait la douloureuse nouvelle de la mort de son vénérable père, décédé le 28 août, à l'âge de quatre-vingts ans, si peu de temps, hélas! après l'expiration de sa cinquantaine scientifique et abolitionniste.

C'était en 1817 qu'avait commencé la cinquantaine scientifique de Mittermaier. Ce fut dix ans plus tard, en 1827, que commença la seconde cinquantaine dont nous avons à parler, celle de M. Ch. Lucas, par la publication de son ouvrage sur le *système pénal et répressif en général et la peine de mort en particulier,* couronné dans les deux concours de Genève et de Paris sur la question de la peine de mort. Sur la médaille d'or décernée par le jury de Genève, le comte de Sellon avait eu l'ingénieuse idée de faire graver par un artiste habile la Justice qui, d'une main, écartait la Mort, et de l'autre indiquait la maison pénitentiaire. C'était l'expression symbolique des deux réformes si étroitement unies du régime pénitentiaire et de l'abolition de la peine de mort, auxquelles l'auteur, âgé de vingt-quatre ans, avait consacré son ouvrage et allait désormais vouer sa vie. A ces deux réformes, il en ajoutait plus tard, sous l'impression pénible de la guerre de 1870-1871, une troisième, qu'il appela *la civilisation de la guerre,* par la substitution de l'arbitrage à la voie des armes pour le règlement des conflits internationaux.

De ces trois réformes, la première, celle relative au régime pénitentiaire, a rencontré généralement un accueil sympathique dans tous les pays de l'Europe avec des systèmes divers d'application de la part des gouvernements.

La peine de mort a été effacée, comme on le sait, des codes pénaux dans plusieurs Etats; et là où elle ne l'est pas encore, cette peine trouble tellement la conscience des souverains, qu'ils répugnent davantage de jour en jour à signer des arrêts de mort; et sous l'empire de l'aversion que l'échafaud leur inspire, il se trouve dans quelques Etats, comme la Belgique, le royaume de Wurtemberg et le grand-duché de Bade, supprimé de fait en attendant qu'il le soit de droit.

Plusieurs motions ont été votées en faveur de la substitution de l'arbitrage international à la voie des armes par les parlements en Angleterre, en Italie, en Suède, dans les Pays-Bas et en Belgique, mais l'attitude des gouvernements a été évasive et réservée.

Parmi les grands Etats, il en est un qui s'est montré sympathique à la fois à ces trois réformes, c'est l'Italie, cette terre de toutes les idées généreuses. C'est le gouvernement italien qui donna la plus franche adhésion à l'arbitrage international, à l'occasion de la mémorable motion de l'illustre Mancini votée à l'unanimité en novembre 1872 par la Chambre des députés.

De tous les souverains de l'Europe, celui qui a témoigné l'intérêt le plus éclairé à la réforme pénitentiaire, c'est le roi Charles-Albert, qui, en 1839, afin de stimuler l'étude de plans de constructions appropriées aux conditions disciplinaires du régime nouveau, ouvrait à tous les architectes de l'Europe un célèbre concours dont le lauréat fut un architecte français, M. Labrousse, qui acquit depuis une grande notoriété.

La même année ce souverain décernait une médaille d'or au criminaliste qui avait donné à la réforme pénitentiaire en 1828 sa première histoire, et en 1836 sa première théorie, par ses deux ouvrages sur *le Système pénitentiaire en Europe et aux Etats-Unis* et sur la *Théorie de l'emprisonnement*, dont l'un avait obtenu de l'Académie française le grand prix Montyon, et l'autre lui avait valu son entrée à l'Institut à l'âge de trente-trois ans.

Le roi Victor-Emmanuel, voulant unir l'abolition de la peine de mort à la réforme pénitentiaire, qui en est le corollaire, vient de faire proposer à la Chambre des députés d'étendre à toute l'Italie le précédent de la suppression de l'échafaud, si heureusement expérimenté en Toscane ; et c'est à cette occasion qu'il a voulu honorer la cinquantaine scientifique du doyen des abolitionnistes, M. Ch. Lucas, en lui décernant la croix de commandeur de l'ordre de la Couronne d'Italie. Un journal italien rapporte les termes suivants dans lesquels cette décision royale est conçue : « Prenant en considération les ser- « vices rendus aux sciences du droit criminel et du droit des gens, Sa « Majesté a voulu honorer une noble vie consacrée sans interruption à « éclairer, avec une incontestable supériorité de talent, les problèmes « les plus difficiles qui s'agitent pour la codification de la législation « criminelle, au double point de vue de la justice et de l'humanité. »

Par un heureux rapprochement, l'honorable ministre de la justice, qui est appelé pour sa gloire, en même temps que pour celle de son souverain, à réaliser cette grande réforme de civilisation chrétienne, est l'illustre Mancini, dont la parole éloquente et convaincue fit voter en 1865 par la chambre élective la motion qu'il avait proposée de généraliser en Italie l'abolition de la peine de mort.

VI

LA FRANCE ET L'ABOLITION DE LA PEINE DE MORT.

(Page 24.)

Dans le *Recueil des débats législatifs sur la peine de mort*, on voit que c'est la France qui, en 1791, donna au monde civilisé le premier exemple d'une assemblée législative abordant résolûment la discussion publique de la légitimité et de l'efficacité de la peine de mort, dont les comités de constitution et de législation proposaient l'abolition à l'unanimité en matière pénale, mais en la maintenant exceptionnellement à l'égard des chefs de parti, déclarés rebelles par un décret du Corps législatif.

Le même *Recueil* signale le revirement d'opinion qui, dans les débats de 1830 à la Chambre des députés, fit ajourner au contraire la proposition d'abolition de la peine de mort en matière de crimes communs, tandis qu'elle était admise en matière politique. L'abolition en matière politique, dont la France a pris l'initiative, s'est étendue à plusieurs pays de l'Europe ; mais il faut s'attendre à voir se prolonger l'ajournement de l'abolition de l'échafaud en matière de crimes communs, ainsi que l'expliquait M. Lucas dans le passage suivant d'une lettre du 31 juillet 1867 à son savant ami Mittermaier, *sur la marche présumée de l'abolition de la peine de mort dans les divers Etats de l'Europe*, lettre insérée dans les *Comptes rendus des travaux de l'Académie des sciences morales et politiques*, 1869 :

« Quant à la France, que vous aimez et qui vous le rend bien, vous
« me paraissez porté tantôt à en trop espérer, tantôt à en trop déses-
« pérer par rapport à l'abolition de la peine de mort. Un homme d'Etat
« éminent, dont j'étais loin de prévoir la destinée au moment où le
« comte de Sellon, son oncle, me l'adressait à Paris pour lui donner
« quelques conseils sur les cours scientifiques et littéraires qu'il devait
« y suivre, M. de Cavour, me disait en 1856 : « Ce n'est pas la France
« qui donnera jamais la première, parmi les grands Etats de l'Europe,
« l'exemple de l'abolition de la peine de mort, parce qu'en France,

« ajoutait-il, il est plus difficile peut-être de faire une réforme qu'une
« révolution. » Cette opinion était singulièrement exagérée ; mais
« il est certain, mon cher ami, que l'esprit français est plus prompt
« à concevoir qu'à réaliser. L'idée civilisatrice part presque tou-
« jours de la France, mais il faut qu'elle lui revienne ensuite façon-
« née pour l'exécution. La France a donné dans ce siècle l'impulsion au
« mouvement abolitionniste en Europe. Elle a fait son œuvre d'initia-
« tive ; maintenant elle attend que l'idée lui revienne fécondée par
« l'exécution, et alors elle fera son œuvre d'imitation et de perfection-
« nement. Croyez bien que ce que je vous dis est la vérité, et n'en vou-
« lez pas trop à la France de ce que vous appelez son apathie actuelle
« pour le mouvement abolitionniste. Soyez aussi moins sévère pour
« notre Sénat, qui ne mérite pas les reproches que vous adressez à ce
« que vous appelez encore son esprit retardataire. Le récent et remar-
« quable rapport de M. le vicomte de la Guéronnière, que vous con-
« naîtrez bientôt, est celui d'un esprit progressif, qui, s'il croit la sup-
« pression de la peine de mort encore prématurée, du moins la désire
« et la glorifie dans l'avenir. Je ne puis contester en fait que le Sénat ne
« soit, comme vous le dites, la seule assemblée législative en Europe,
« où la réforme abolitive de la peine de mort ne compte aucun repré-
« sentant. Mais croyez bien qu'il en surgirait parmi les membres de cette
« noble assemblée, qui renferme de grandes illustrations de mon pays,
« le jour où la réforme s'y présenterait appuyée sur le précédent d'un
« grand Etat de l'Europe. »

Au commencement de 1870, sous l'impression des abolitions successives de la peine de mort en Roumanie, en Portugal, en Saxe, dans le
royaume des Pays-Bas, et sous celle surtout du vote abolitionniste
qu'une majorité imposante du Parlement de la Confédération du Nord
avait obtenu malgré la vive et éloquente opposition de M. le comte de
Bismarck, un mouvement d'opinion fort accentué dans le même sens se
produisit en France, tant dans la presse qu'au sein des réunions publiques convoquées à cet effet et dans la chambre des députés, qui prit en
considération une motion abolitionniste. Mais après les atrocités de la
Commune, après la fusillade des otages, l'effroi s'empara de ce noble
pays et, comme dit le poëte :

Le flot qui l'apporta recule épouvanté.

Le sentiment public n'est pas encore accessible en ce moment en

France à l'abolition de la peine de mort. « Or, le sentiment public,
« dit M. Lucas, ne se réfute pas comme un raisonnement. Quand une
« fois il déborde, c'est un fleuve impétueux auquel il ne faut pas avoir
« l'imprudence de vouloir barrer le passage ; il faut lui laisser le temps
« de se calmer et de rentrer dans son lit. »

VII

L'ITALIE ET LA PEINE DE MORT.

(Page 24.)

Après avoir obtenu à une assez faible majorité, en février 1875, dans le sénat italien le vote impopulaire du rétablissement de l'échafaud en Toscane, l'honorable ministre de la justice, 'M. Vigliani, présenta son projet de code pénal le 9 mars de l'année suivante à la Chambre des députés, c'est-à-dire quelques jours avant la chute du cabinet dont il faisait partie, et qui eut lieu le 18 mars.

L'illustre promoteur du vote législatif de 1865 en faveur de l'extension du précédent toscan à toute l'Italie, M. Mancini, qui avait été appelé au ministère de la justice, ne pouvait accepter que sous bénéfice d'inventaire l'héritage de M. Vigliani. Il nomma, pour procéder à la révision du code pénal, une commission choisie dans le parlement, dans la magistrature et le barreau.

Bientôt survint la dissolution de la Chambre des députés, et ce fut à la nouvelle chambre, qui se réunit en novembre 1876, que l'honorable ministre, M. Mancini, présenta le projet de code pénal avec les modifications apportées à sa rédaction, et au nombre desquelles était la suppression de la peine de mort, proposée à l'unanimité par la commission de révision.

La commission chargée par la Chambre des députés de l'examen du projet de code pénal, dans sa séance du 15 décembre dernier, a approuvé à l'unanimité l'abolition de la peine de mort proposée par le gouvernement.

Les débats vont prochainement s'ouvrir devant la chambre élective, et on ne saurait douter qu'elle ne se prononce à une imposante majorité pour l'extension à toute l'Italie du précédent abolitif de la peine de mort, si heureusement expérimenté en Toscane ; car c'est l'unique solution qui, sans péril pour la sécurité publique, puisse réaliser l'unification pénale de l'Italie sans la condamner à rétrograder dans la marche de sa civilisation.

Les abolitionnistes ne paraissent éprouver aucune appréhension sur le vote ultérieur du Sénat, convaincus que cette illustre assemblée, qui compte tant d'éminents défenseurs de la suppression de l'échafaud, ne voudrait pas être un obstacle plus prolongé à l'unification pénale d'Italie, et en même temps à l'honneur qui doit lui revenir de ce grand progrès à la fois chrétien et humanitaire qu'enregistrera l'histoire et que célébrera la poésie.

VIII

BECCARIA ABOLITIONNISTE.

(Page 24.)

L'autorité du nom de Beccaria a été si souvent et si naturellement
nvoquée par les partisans de l'abolition de la peine de mort, que ses
adversaires se sont efforcés de l'affaiblir, et leur examen critique est
allé jusqu'à soutenir que Beccaria n'avait pas été un véritable et pur
abolitionniste, puisqu'il avait notamment maintenu la peine de mort en
matière politique. La vérité historique de ce fait est incontestable, et un
ministre de la justice en Italie, M. Vigliani, s'en est prévalu lui-même
dans l'exposé de son projet du code pénal pour combattre l'abolition
de la peine de mort devant le Sénat de ce royaume.

Le savant historien italien Cantu, dans son récent livre sur Beccaria,
remarquable par l'érudition et l'impartialité historique, malgré son ad-
miration pour Beccaria, ne lui reconnaît pas les principes qui font aujourd'hui l'abolitionniste. Les criminalistes allemands, même abolitionnistes, ont été parfois d'une sévérité imméritée pour Beccaria, et le
savant Mittermaier, dont le nom est si vénéré, nous semble plus sévère
que les adversaires eux-mêmes de l'abolition de la peine de mort, lorsqu'il dit, page 16 de son livre [1] :

« Si l'œuvre de Beccaria manque de profondeur, si elle repose sur
« des principes qui ne supportent pas toujours un rigoureux examen,
« si même elle n'est pas exempte d'exagération, elle dut néanmoins
« indisposer fortement les esprits contre les abus de la loi pénale exis-
« tante. »

Malgré notre respectueuse déférence pour les jugements de Mittermaier, nous préférons celui de M. Hello, qui, sans reprocher à Beccaria
d'être resté étranger à l'idée pénitentiaire, inconnue de son temps,
s'exprime ainsi : « Le livre *des Délits et des Peines* n'avait pas une
« grande valeur philosophique et scientifique ; mais le mérite incon-

---

[1] *La Peine de mort d'après les travaux de la science, es progrès de la législation
et les résultats de l'expérience.* Paris, traduction Leven.

« testable qui devait immortaliser son auteur, c'était de venir le
« premier jeter sur la légitimité et l'efficacité de la peine de mort un
« doute appelé, sous l'empire de la morale chrétienne, à se répandre
« et s'accroître de jour en jour parmi les nations civilisées. »

La cause de l'abolition de la peine de mort ne saurait, du reste, avoir
à souffrir de la nature des jugements à porter sur le livre *des Délits et
des Peines*. L'autorité dont elle a surtout aujourd'hui besoin, c'est celle
de l'application et de l'expérience. L'honneur de Beccaria est d'avoir
inspiré le premier exemple de cette application, et celui de l'Italie de
l'avoir offert en Toscane.

Il faut, comme le dit l'historien Cantu, pour juger Beccaria, se placer
à son temps et non dans le nôtre. Le Beccaria abolitionniste, tel que le
montre l'histoire, ce n'est pas l'abolitionniste de la peine de mort, mais
celui de toutes les pénalités barbares qu'il eut le courage de dénoncer
et dont, par la puissance de son génie, il parvint à délivrer l'humanité.
L'idée de la statue érigée par l'Italie sur la place de Milan à Beccaria
mérite d'universels applaudissements, car elle a été élevée à un homme
qui ne fut pas seulement l'honneur de son pays, mais l'honneur de
l'humanité.

TABLE DES MATIÈRES

NOTES HISTORIQUES.